Impressum
Verlag: BABADADA GmbH, Nedderfeld 112 , 22529 Hamburg
Geschäftsführer / Verlagsleitung: Harald Hof
Druck: Books on Demand GmbH, In de Tarpen 42, 22848 Norderstedt

Imprint
Publisher: BABADADA GmbH, Nedderfeld 112 , 22529 Hamburg, Germany
Managing Director / Publishing direction: Harald Hof
Print: Books on Demand GmbH, In de Tarpen 42, 22848 Norderstedt, Germany

قوتابخانه

5ch00l

پۆل
cl455r00m
دابەشکردن
d1v1d3
186/2
تەختە
b04rd
مامۆستا
734ch3r
کاغەز
p4p3r
نووسین
wr173
پێنووس
p3n
مێزی نووسین
d35k
خەتکێش
rul3r
کتێب
b00k
خوێندکار
pup1l

چەواڵ

547ch3l

جانتای پێنووس

p3nc1l c453

پێنووس

p3nc1l

تیژکەرەوەی پێنووس

p3nc1l 5h4rp3n3r

ڕەشکەرەوە

rubb3r

پەدی نیگارکێشان

dr4w1n6 p4d

2

نیگارکێشان

....

dr4w1n6

فڵچەی ڕەنگ

....

p41n7bru5h

قوتووی ڕەنگ

....

p41n7 b0x

مەقەست

....

5c1550r5

چەسپ، کەتیرە

....

6lu3

کتێبی ڕاهێنان

....

3x3rc153 b00k

کاری ماڵەوە

....

h0m3w0rk

ژمارە

....

numb3r

زیدەکردن

....

4dd

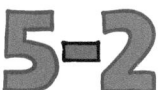

کەمکردن

....

5ub7r4c7

لێکدان

....

mul71ply

حسابکردن، ژماردن

....

c4lcul473

A

پیت

....

l3773r

ABCDEFG
HIJKLMN
OPQRSTU
VWXYZ

ئەلفوبێ

....

4lph4b37

hello

وشە

....

w0rd

نووسراوە، دەق
....
73x7

خوێندنەوە
....
r34d

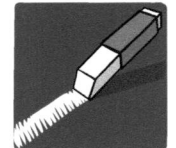

گەچ
....
ch4lk

خول، دەرس
....
l3550n

تۆمارکردن
....
r361573r

ئەزموون، تاقیکردنەوە
....
3x4m1n4710n

بڕوانامە
....
c3r71f1c473

جلی قوتابخانە
....
5ch00l un1f0rm

پەروەردە
....
3duc4710n

زانیاری نامە
....
3ncycl0p3d14

زانکۆ
....
un1v3r517y

میکرۆسکۆپ
....
m1cr05c0p3

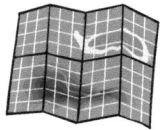

خەریتە، نەخشە
....
m4p

سەبەتەی کاغەز
....
w4573-p4p3r b45k37

میوانخانە، هۆتێل
h073l
میوانخانە
h0573l
نووسینگەی گۆڕینەوەی دراو
curr3ncy 3xch4n63 0ff1c3
جانتا، ساک
5u17c453
ئۆتۆمۆبیل
c4r

زمان

l4n6u463

بەڵێ / نەخێر

y35 / n0

باشە

0k4y

سڵاو

h3ll0

وەرگێڕی دەق

7r4n5l470r

سپاس

7h4nk y0u

5

بەچەندە ...؟

h0w much 15

من تێناگەم

1 d0 n07 und3r574nd

کێشە

pr0bl3m

ئێوارە باش!

600d 3v3n1n6!

بەیانی باش!

600d m0rn1n6!

شەو باش!

600d n16h7!

ماڵئاوا، بەخێرچی

600dby3

ئاراستە، ڕێرەو

d1r3c710n

جانتا

lu66463

جانتا

b46

کۆڵەپشتی

b4ckp4ck

میوان

6u357

ژوور، دیو

r00m

کیسەخەو

5l33p1n6 b46

چادر، دەوار

73n7

زانیاری بۆ گەشتیار

70ur157 1nf0rm4710n

کەناراو

b34ch

کارتی قەرز

cr3d17 c4rd

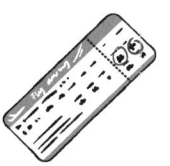

نانی بەیانی

br34kf457

نانی نیوەڕۆ

lunch

نانی شەو

d1nn3r

بلیت

71ck37

ئاسانسۆر

3l3v470r

پوول، تەمر

574mp

سنوور

b0rd3r

گومرک

cu570m5

باڵوێزخانە

3mb455y

ڤیزا

v154

پاسەپۆرت

p455p0r7

گواستنەوە

7r4n5p0r7

41rpl4n3
کەشتی
5h1p
مەکینەی ئاگرکوژێنەوە
f1r3 7ruck
پاس
bu5
لۆری
7ruck
بەلەمی ماتۆڕی
m070rb047
دووچەرخە، پایسکل
b1k3
ئۆتۆمۆبیل
c4r

کەشتی گواستنەوە
....
f3rry

بەلەمی ماتۆڕی
....
b047

ماتۆڕ
....
m070rb1k3

ئوتومبێلی پۆلیس
....
p0l1c3 c4r

ئوتومبێلی پێشبڕکێ
....
r4c1n6 c4r

ئۆتۆمۆبیلی کرێ
....
r3n74l c4r

ئۆتۆمۆبیل هاوبەشکردن

....

c4r 5h4r1n6

لۆری ڕاکێشکردن

....

70w 7ruck

لۆری زبڵ

....

64rb463 7ruck

ماتۆڕ

....

3n61n3

سووتەمەنی

....

fu3l

وێستگەی بەنزین

....

fu3l 574710n

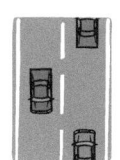

تابڵۆی هاتووچۆ

....

7r4ff1c 516n

هاتووچۆ

....

7r4ff1c

ترافیک

....

7r4ff1c j4m

شوێنی ڕاگرتنی ئۆتۆمۆبیل

....

p4rk1n6 l07

وێستگەی شەمەندەفەر

....

7r41n 574710n

هێڵی ئاسن

....

7r4ck5

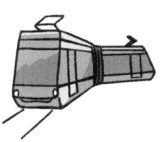

شەمەندەفەر

....

7r41n

قەتاری سەرشەقام

....

7r4m

داشقە

....

w460n

هەلیکۆپتەر

h3l1c0p73r

فرۆکەخانە

41rp0r7

بورج

70w3r

نەفەر

p4553n63r

دەفر ، کانتینەر

c0n741n3r

کارتۆن

c4r70n

داشقە

c4r7

سەوەتە

b45k37

هەڵفڕین / نیشتن

74k3 0ff / l4nd

شار

c17y

گوند، دێهات

v1ll463

ناوەندی شار

c17y c3n73r

ماڵ، خانوو

h0u53

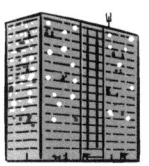

سینەما
m0v13 7h3473r
ڕێکلام
4dv3r7
چرای شەقام
57r337 l16h7
57r337
تاکسی
74x1
کیوسک
5n4ck 5h0p
پیادە
p3d357r14n
51d3w4lk
پەڕینەوەی بەردەباز
cr0551n6
شوێنی پەڕینەوە
z3br4 cr0551n6
دەفری زبڵ
dump573r
چرای ترافیک
7r4ff1c l16h75

خانووچکە

hu7

نهۆم، باڵەخانە

4p4r7m3n7

وێستگەی شەمەندەفەر

7r41n 574710n

کۆشکی شارەوانی

c17y h4ll

مۆزەخانە

mu53um

قوتابخانە

5ch00l

زانکۆ

....

un1v3r517y

بانک

....

b4nk

نەخۆشخانە، خەستەخانە

....

h05p174l

میوانخانە، هۆتێل

....

h073l

دەرمانخانە

....

ph4rm4cy

نووسینگە، فەرمانگە

....

0ff1c3

کتێبفرۆشی

....

b00k 5h0p

دووکان

....

5h0p

گوڵفرۆشی

....

fl0w3r 5h0p

سوپەرمارکێت

....

5up3rm4rk37

بازار

....

m4rk37

فرۆشگا

....

d3p4r7m3n7 570r3

ماسیفرۆش

....

f15hm0n63r'5 5h0p

ناوەندی کڕین

....

m4ll

بەندەر

....

h4rb0r

پارک

p4rk

کورسی درێژ

b3nch

پرد

br1d63

پێ پیلکان

5741r5

ژێرزەوی

5ubw4y

تونێل

7unn3l

وێستگەی پاس

bu5 570p

مەیخانە

b4r

ڕێستورانت

r3574ur4n7

سندووقی پۆست

p057b0x

تابڵۆی شەقام

57r337 516n

پێوەری پارکینگ

p4rk1n6 m373r

باخچەی ئاژەڵان

z00

حەوزی مەلە

5w1mm1n6 p00l

مزگەوت

m05qu3

مەزرا

f4rm

پیسبوونی ژینگە

p0llu710n

قەبرستان، گۆڕستان

c3m373ry

کەنیسە

church

شوێنی یاری

pl4y6r0und

پەرستگا

73mpl3

دیمەن

l4nd5c4p3

گەڵا
l34f
تابڵۆی ڕێنیشاندەر
516np057
ڕێگا
p47h
مێرگ
m34d0w
بەرد
570n3
شاخەوان
h1k3r
دار
7r33
ڕووبار، چەم
r1v3r
گژوگیا
6r455
گوڵ
fl0w3r

دۆڵ، شیو

v4ll3y

بەرزایی

h1ll

دەریاچە

l4k3

دارستان

f0r357

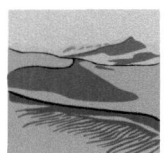

چۆڵەوار

d353r7

بورکان

v0lc4n0

قەڵا

c457l3

کۆلکەزێرینە

r41nb0w

کارگ

mu5hr00m

دارخورما

p4lm 7r33

مێشوولە

m05qu170

مێشووله

fly

مێروولە

4n7

مێش هەنگوین

b33

جاڵجاڵووکە

5p1d3r

قالۆنچە
....
b337l3

بۆق
....
fr06

سمۆرە
....
5qu1rr3l

ژیشک
....
h3d63h06

کەروێشکە کێوی
....
h4r3

کوند
....
0wl

باڵەندە
....
b1rd

قازی سپی
....
5w4n

بەرازی کێوی
....
b04r

ئاسک
....
d33r

بزنە کێوی
....
m0053

بەنداو
....
d4m

توربینی با
....
w1nd 7urb1n3

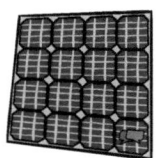

پەڕەی خۆری
....
50l4r p4n3l

ئاووهەوا
....
cl1m473

خزمەتکار
w4173r
لیستە، پێڕست
m3nu
کورسی
ch41r
سووپ، شۆرباو
50up
پیتزا
p1zz4
چەقۆ و چەتاڵ
cu7l3ry
سفرە
74bl3cl07h

خواردنی دەستپێک

574r73r

خواردنی سەرەکی

m41n c0ur53

دێسێر

d3553r7

خواردنەوە

dr1nk5

خواردن

f00d

بوتڵ

b077l3

خواردنی خێرا

f457 f00d

خواردنی سەرشەقام

57r337 f00d

قۆری

734p07

قوتووی شەکر

5u64r b0wl

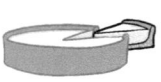

بەش

p0r710n

ئامێری سازکردنی قاوەی ئێسپرەسۆ

35pr3550 m4ch1n3

کورسی بەرز

h16h ch41r

تێچوو

b1ll

کەشەف

7r4y

چەقۆ

kn1f3

چنگاڵ

f0rk

کەوچک

5p00n

کەوچکی چا

7345p00n

دەسماڵ

53rv13773

لیوان، پەرداخ

6l455

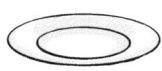

قاپ، دەوری، دەفر

pl473

قاپی شۆرباو

50up pl473

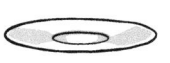

ژێرپیاڵە

54uc3r

سۆس

54uc3

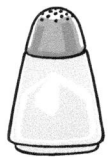

خوێدان

54l7 5h4k3r

هارەری بیبار

p3pp3r m1ll

سرکە

v1n364r

ڕۆن

01l

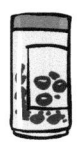

بەهارات

5p1c35

دۆشاوی تەمات، سۆسی تەماتە

k37chup

سۆسی موستارد

mu574rd

سۆسی مایۆنێز

m4y0nn4153

سوپەرمارکێت

5up3rm4rk37

داشکاندنی تایبەتی
5p3c14l 0ff3r
مشتەری
cu570m3r
شیرەمەنی
d41ry pr0duc75
میوە
fru17
داشقە
5h0pp1n6 c4r7

دووکانی قەسابی

bu7ch3r'5 5h0p

نانەواخانە

b4k3ry

کێشان

w316h

سەوزی

v36374bl35

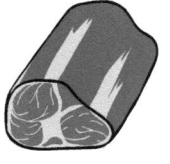

گۆشت

m347

خواردنی بەستوو

fr0z3n f00d

گۆشتی سارد
....
c0ld cu75

خواردنی کۆنسێرو
....
c4nn3d f00d

دەرمانی بشۆر
....
d373r63n7

شیرینی
....
c4ndy

بەرهەمی خۆماڵی
....
h0u53h0ld pr0duc75

بەرهەمی خاوێنکردنەوە
....
cl34n1n6 pr0duc75

فرۆشیار
....
54l35 r3pr353n7471v3

ژمێرەر
....
c45h r361573r

ژمێریار، خەزەندار
....
c45h13r

لیستی کڕین
....
5h0pp1n6 l157

کاتی دەوام
....
0p3n1n6 h0ur5

کیسەباخەڵ، جزدان
....
w4ll37

کارتی قەرز
....
cr3d17 c4rd

توورەکە، کیسە
....
b46

توورەکە
....
pl4571c b46

خواردنەوە

dr1nk5

ئاو

w473r

شەربەت

ju1c3

شیر

m1lk

خەڵووز

c0k3

شەراب

w1n3

بیرە

b33r

ئەڵکوّل

4lc0h0l

کاکاو

c0c04

چایی، چا

734

قاوە

c0ff33

قاوەی ئێسپرەسۆ

35pr3550

کاپۆچینۆ

c4ppucc1n0

خواردن
f00d

مۆز

....

b4n4n4

سێو

....

4ppl3

پرتەقاڵ

....

0r4n63

کاڵەک

....

m3l0n

لیمۆ

....

l3m0n

گێزەر

....

c4rr07

سیر

....

64rl1c

حەیزەران

....

b4mb00

پیاز

....

0n10n

کارگ

....

mu5hr00m

سەموونە، گوێز، ناوکە

....

nu75

نوودڵ

....

n00dl35

ماکارۆنی
....
5p46h3771

برینج
....
r1c3

زەلاتە
....
54l4d

چپس
....
fr135

پەتاتەی برژاو، پەتاتەی سوورۆکراو
....
fr13d p0747035

پیتزا
....
p1zz4

هەمبرگەر
....
h4mbur63r

ساندویچ، دۆندرمە
....
54ndw1ch

پارچە گۆشت
....
35c4l0p3

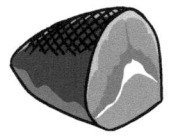

گۆشتی بەراز
....
h4m

گۆشتی بەراز
....
54l4m1

سۆسیس
....
54u5463

مریشک
....
ch1ck3n

برژاندن، نرژان
....
r0457

ماسی
....
f15h

شۆرباوی ساوار
....
p0rr1d63 0475

دانەوێڵەی تێکەڵ
....
mu35l1

دانەی دانەوێڵە
....
c0rnfl4k35

ئارد
....
fl0ur

کرۆسانت، نانێکی فەرەنسی
....
cr01554n7

نانی خڕ
....
br34d r0ll

نان
....
br34d

نانی برژاو
....
70457

بسکیت
....
c00k135

کەرە، ڕۆنی کەرە
....
bu773r

سەرتوێژ، توێژ
....
curd

کەیک
....
c4k3

هێلکە
....
366

هێڵکەی برژاو
....
fr13d 366

پەنیر
....
ch3353

بەستەنی، دۆندرمە
....
1c3 cr34m

شەکر
....
5u64r

هەنگوین
....
h0n3y

مرەبا
....
j3lly

خامەی نۆگات
....
n0u647 cr34m

بەهارات
....
curry

مەزرا

f4rm

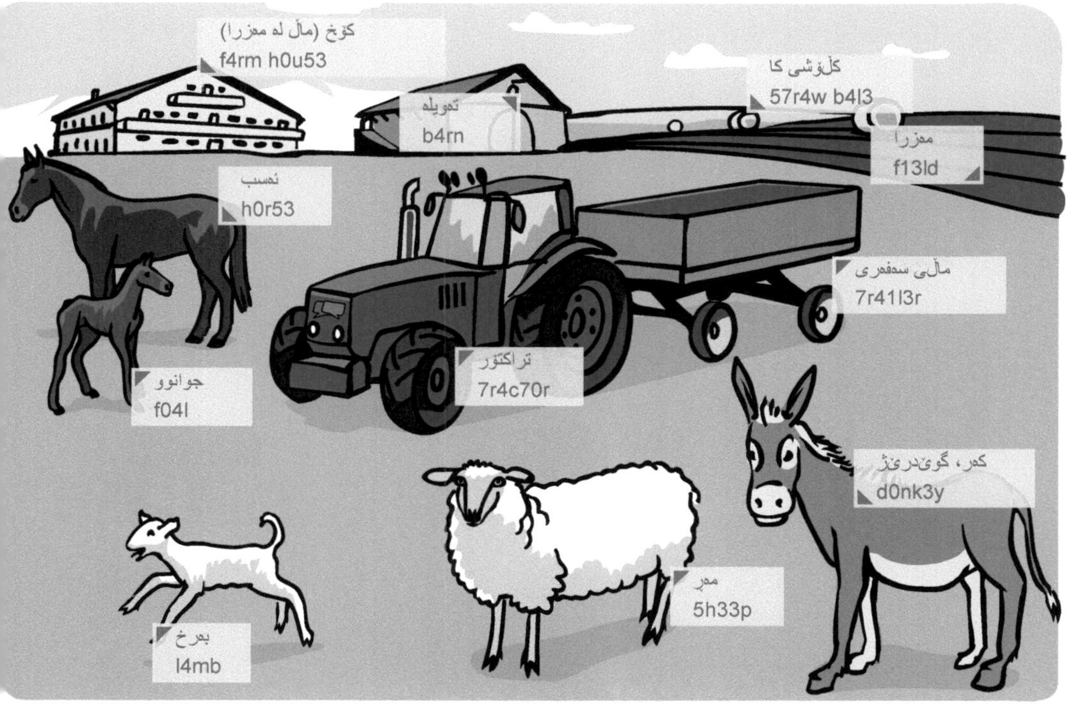

کۆخ (ماڵ لە مەزرا)
f4rm h0u53
کڵۆشی کا
57r4w b4l3
تەویلە
b4rn
مەزرا
f13ld
ئەسب
h0r53
ماڵی سەفەری
7r41l3r
تراکتۆر
7r4c70r
جوانوو
f04l
کەر، گوێدرێژ
d0nk3y
مەڕ
5h33p
بەرخ
l4mb

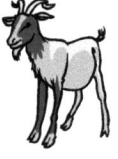

بزن

6047

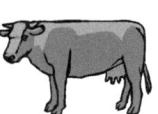

مانگا

c0w

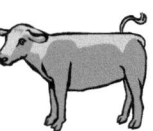

گوێلک

c4lf

بەراز

p16

فەرخە بەراز

p16l37

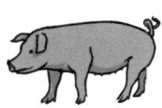

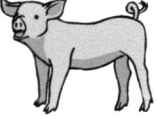

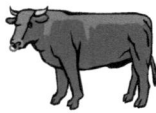

جوانەگا

bull

قاز
....
60053

مراوی
....
duck

جووچک
....
ch1ck

مریشک
....
h3n

کەڵەشێر
....
c0ck3r3l

جرج
....
r47

پشیلە
....
c47

مشک
....
m0u53

گا
....
0x

سە، سەگ
....
d06

کونە سە
....
d06 h0u53

سۆندە
....
64rd3n h053

تونگەی ئاودان
....
w473r1n6 c4n

ماڵەغان
....
5cy7h3

گاسن
....
pl0u6h

داس

51ckl3

مەڕە

h03

شەنە

p17chf0rk

تەور

4x3

عارەبانەی دەستیی

pu5hc4r7

دەفری خواردنی ئاژەڵان

7r0u6h

دەفری شیر

m1lk c4n

تەلیس

54ck

پەرژین

f3nc3

تەویلە

574bl3

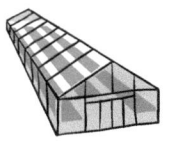

گوڵخانە

6r33nh0u53

خۆڵ

501l

دەنک، نۆک

533d

پەین

f3r71l1z3r

کۆمباین

c0mb1n3 h4rv3573r

دروێنەکردن

h4rv357

خەرمان

h4rv357

پەتاتە

y4m5

گەنم

wh347

لووبیا، فاسۆلیا

50y4

پەتاتە

p07470

گەنمەشامی

c0rn

جۆرێک دەغڵودان

r4p3533d

داری بەری

fru17 7r33

سێوبنەعەرزیلە

m4n10c

دانەوێڵەی تێکەڵ

6r41n

ماڵ، خانوو

h0u53

دووکەڵکێش
ch1mn3y
سەربان
r00f
d0wn5p0u7
پەنجەرە
w1nd0w
گەراژ
64r463
زەنگی دەرگا
d00rb3ll
دەرگا
d00r
دەفری زبڵ
7r45h c4n
سندووقی نامە
m41lb0x
باخ
64rd3n

ژووری دانیشتن

l1v1n6 r00m

حەمام، ئاودەستخانە

b47hr00m

چێشتخانە

k17ch3n

ژووی خەو

b3dr00m

ژووری منداڵ

ch1ld'5 r00m

ژووری نانخوارن

d1n1n6 r00m

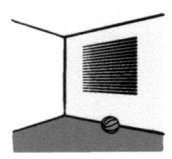

داڵان، ئەرز

fl00r

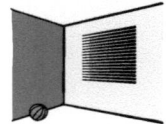

دیوار

w4ll

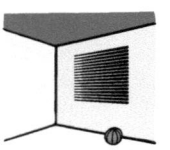

بن میچ

c31l1n6

ژێرزەمین

c3ll4r

ساونا

54un4

باڵکۆن، هەیوان

b4lc0ny

هەیوان

73rr4c3

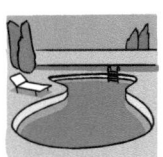

حەوز، مەلەوانگە

p00l

گژوگیابڕ

l4wn m0w3r

مەلافە

5h337

مەلافەی نوێن

b3d5pr34d

پێخەف، نوێن

b3d

گسک

br00m

سەتڵ

buck37

سویچ، کلیل

5w17ch

ژووری دانیشتن

l1v1n6 r00m

کاغەزی دیواری
w4llp4p3r
وێنە
p1c7ur3
لامپ، چرا، گڵۆب
l4mp
5h3lf
c4b1n37
تەلەفیزیۆن
73l3v1510n
ئاگردان
f1r3pl4c3
گوڵ
fl0w3r
باڵەنج، سەرین
cu5h10n
سۆفا
50f4
گوڵدان
v453
کۆنترۆڵ لە ڕێگەی دوور
r3m073 c0n7r0l

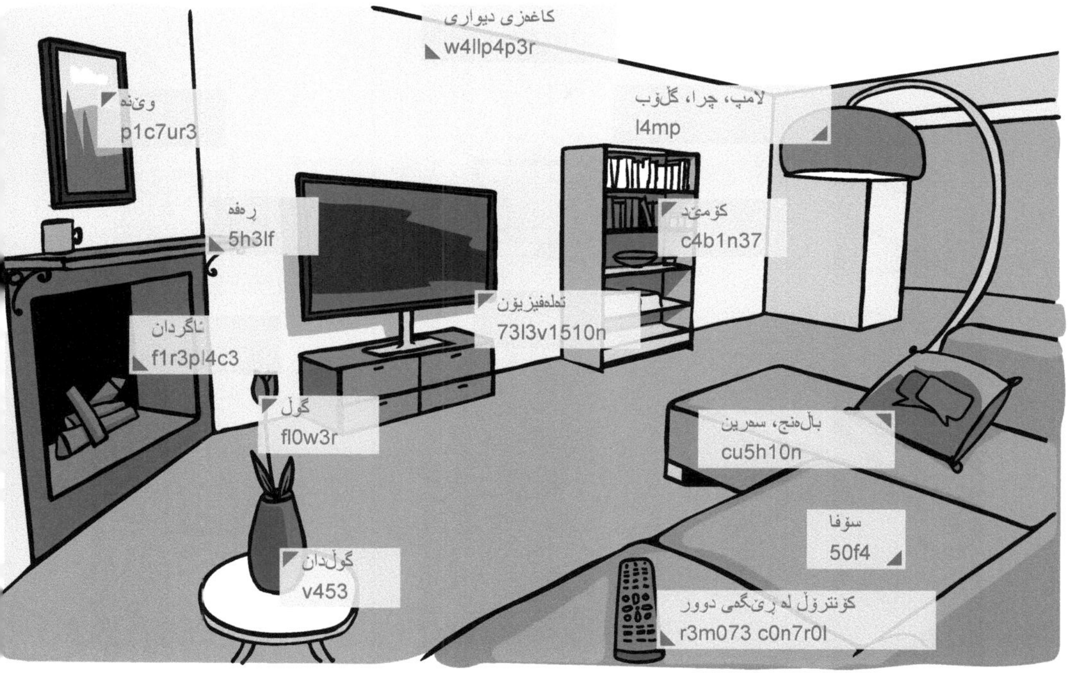

فەرش

c4rp37

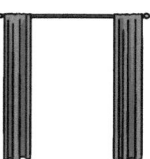

پەردە

dr4p3

مێز

74bl3

کورسی

ch41r

کورسی ڕاژاندن

r0ck1n6 ch41r

کورسی دەسکدار

4rmch41r

کتێب

b00k

پەتوو، بەتانی

bl4nk37

ڕازاندنەوە

d3c0r4710n

داری سووتاندن

f1r3w00d

فیلم

f1lm

ستێریۆ

573r30 5y573m

کلیل

k3y

ڕۆژنامە

n3w5p4p3r

نیگار، نیگارکێشان

p41n71n6

پۆستەر

p0573r

ڕادیۆ

r4d10

تیانووس

n073b00k

گسکی کارەبایی

v4cuum cl34n3r

کاکتووس

c4c7u5

مۆم

c4ndl3

چێشتخانە

k17ch3n

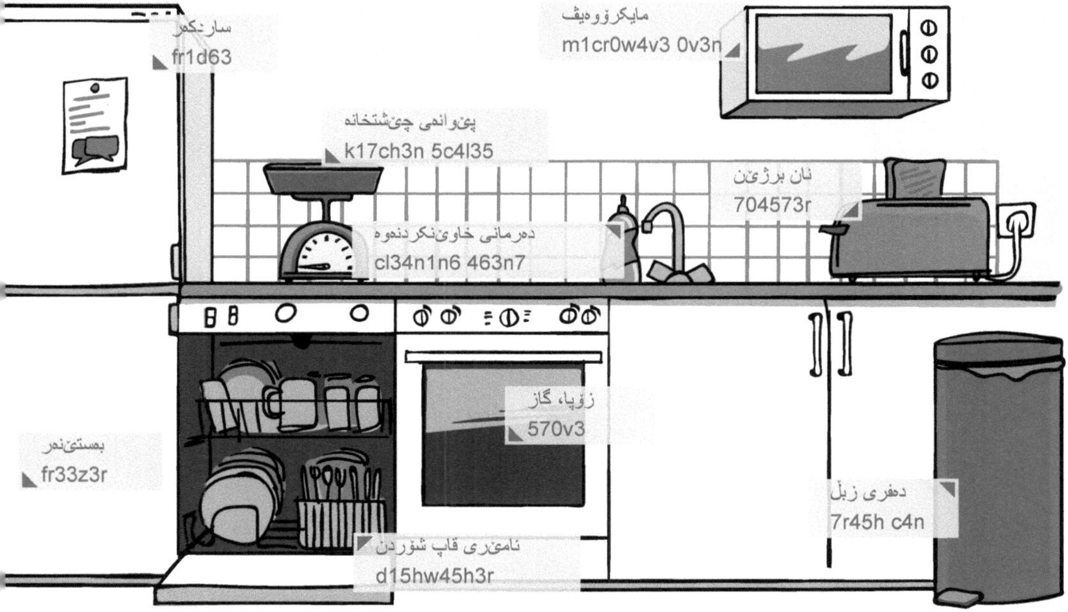
سارنجکەر
fr1d63
مایکرۆوەیڤ
m1cr0w4v3 0v3n
پێوانەی چێشتخانە
k17ch3n 5c4l35
نان برژێن
704573r
دەرمانی خاوێنکردنەوە
cl34n1n6 463n7
زۆپا، گاز
570v3
بەستێنەر
fr33z3r
دەفری زبڵ
7r45h c4n
ئامێری قاپ شۆردن
d15hw45h3r

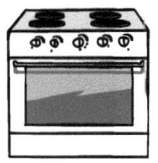

چێشتلێنەر
....
c00k3r

مەنجەڵ
....
p07

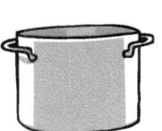

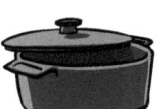

قاپی ئوتوو
....
c457-1r0n p07

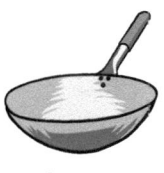

تاوەی قووڵ
....
w0k / k4d41

تاوە
....
p4n

کتری، ئاوگەمکەر
....
k377l3

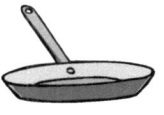

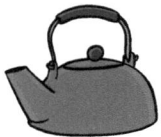

چێشتلێنەری هەڵمی

5734m3r

کەشەفی نانکردن

b4k1n6 7r4y

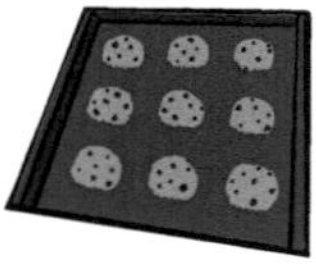

قاپ و قاچاغ

cr0ck3ry

کۆپ

mu6

قاپ

b0wl

چیلکەی نانخواردن

ch0p571ck5

ئەسکوێ

l4dl3

کەوگیر

5p47ul4

گسک

wh15k

سووزمە

57r41n3r

بێژنگ

513v3

ئامێری جنینی پەنیر و سەوزە

6r473r

دەستار

m0r74r

برژاندن

b4rb3cu3

ئاگر

f1r3pl4c3

تەختەی وردکردن

ch0pp1n6 b04rd

تیرۆک

r0ll1n6 p1n

بورغی فلین

c0rk5cr3w

قوتوو

c4n

قوتووکەرەوە

c4n 0p3n3r

دەسرەی مەنجەڵ

0v3n cl07h

دەسشۆر

51nk

فڵچە

bru5h

ئیسفەنج

5p0n63

تێکەڵکەر

bl3nd3r

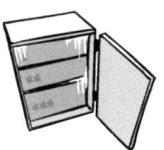

قەرسی

d33p fr33z3r

شووشە شیر

b4by b077l3

شێری ئاو

74p

حەمام، ئاودەستخانە

b47hr00m

زۆپا/گەرمکەر
h3471n6
دووشی ئاو، خورژم
5h0w3r
خاولی
70w3l
پەردەی حەمام
5h0w3r cur741n
کەفی حەمام
bubbl3 b47h
حەوزی حەمام
b47h7ub
لیوان، پەرداخ
6l455
ئامێری دەفرشوتن
w45h1n6 m4ch1n3
شێری ئاو
74p
کاشی
71l35
ئاودەستی منداڵان
p077y
دەستشۆر
51nk

ئاودەست، توالێت

701l37

توالێتی نزم، ئاودەست

5qu47 701l37

جۆرێک توالێت

b1d37

توالێت، ئاودەست

ur1n4l

کاغەزی ئاودەستخانە

701l37 p4p3r

فڵچەی ئاودەستخانە

701l37 bru5h

فڵچەی ددان

....

7007hbru5h

خەمیری ددان

....

7007hp4573

بەنی ددان

....

d3n74l fl055

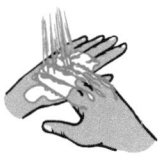

شۆردن، شوتن

....

w45h

خورژمی دەستی

....

h4nd 5h0w3r

دووش

....

d0uch3

کسەی دەستوچاوشوتن

....

b451n

فڵچەی پشت

....

b4ck bru5h

سابوون

....

504p

جێڵی خۆشوتن

....

5h0w3r 63l

شامپۆ

....

5h4mp00

فلانێل

....

fl4nn3l

ئاوەڕۆ

....

dr41n

کرێم

....

cr3m3

بۆنخۆشکەرە

....

d30d0r4n7

ئاوێنە
....
m1rr0r

ئاوێنەی دەستی
....
h4nd m1rr0r

مەکینەی ڕیش تاشین
....
r4z0r

سابوونی ڕیش تاشین
....
5h4v1n6 f04m

کرێمی دوای ڕیش تاشین
....
4f73r5h4v3

شانە
....
c0mb

فڵچە
....
bru5h

سێشوار، سەرئیشککەرەوە
....
h41r-dry3r

سپرەی قژ
....
h41r5pr4y

سووراوسپیاو
....
m4k3up

سووراو
....
l1p571ck

ڕەنگی نینۆک
....
n41l v4rn15h

لۆکە
....
c0770n w00l

مەقەستی نینۆک
....
n41l 5c1550r5

عەتر
....
p3rfum3

کیسەی حەمام

....

w45hb46

کورسی بێ پشت

....

5700l

پێوەر

....

w316h1n6 5c4l35

خاولی حەمام

....

b47hr0b3

دەستەوانەی چەرم

....

rubb3r 6l0v35

تامپۆن

....

74mp0n

خاولی خاوێنکردنەوە

....

54n174ry 70w3l

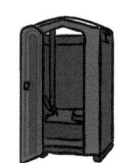

ئاودەستی کیمیایی

....

ch3m1c4l 701l37

ژووری منداڵ

ch1ld'5 r00m

سەعاتی زەنگدار
4l4rm cl0ck
cuddly 70y
ماشێنی یاری
70y c4r
r477l3
خانووی بووکەشووشە

باڵۆن

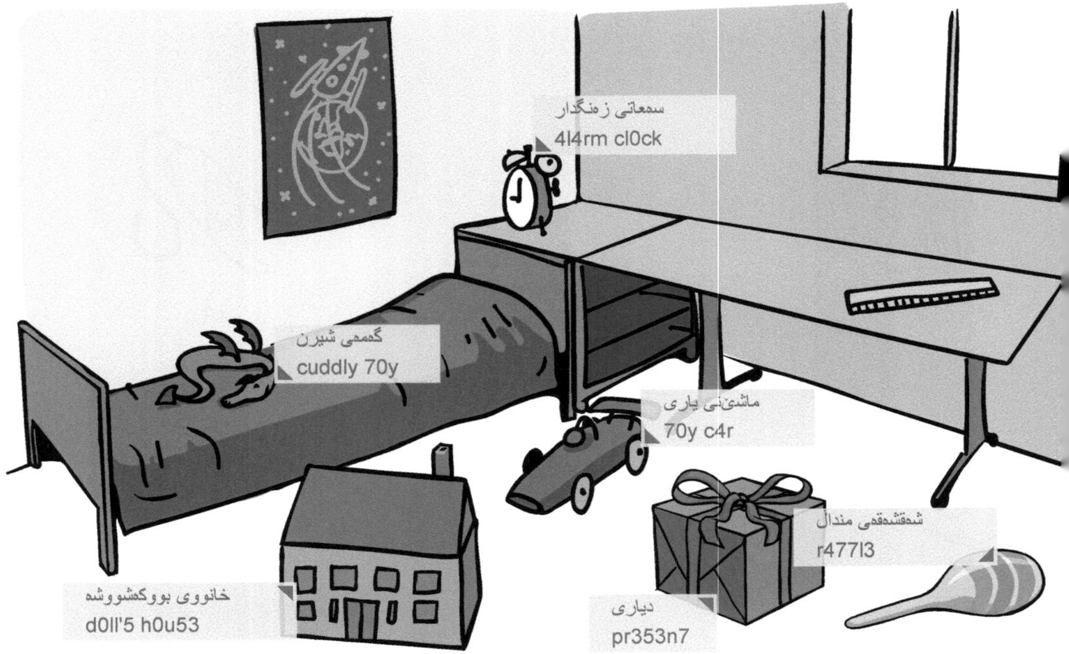

b4ll00n

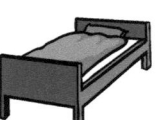

پێخەف، نوێن

b3d

داشقەی منداڵ

57r0ll3r

گەمەی کارت

d3ck 0f c4rd5

مەتەڵ، مەتەڵۆک

j1654w

کۆمێدی

c0m1c

خشتی لێگۆ

l360 br1ck5

خشتی یاری

70y bl0ck5

بووکە شووشە

4c710n f16ur3

جلی منداڵ

r0mp3r 5u17

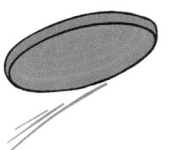

یاری فریزبی

fr15b33

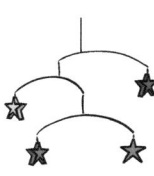

بزۆک، جووڵێنراو

m0b1l3

یاری تەختە

b04rd 64m3

مۆرە

d1c3

مۆدێلی شەمەندەفەر

m0d3l 7r41n 537

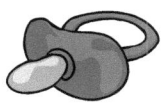

مەمکە مژە

dummy

میوانی، جەژن

p4r7y

کتێبی وێنەدار

p1c7ur3 b00k

تۆپ

b4ll

بووکەشووشە

d0ll

کایە کردن، یاری کردن

pl4y

قوڕتی خیزوخۆڵ

....

54ndp17

جۆلانە

....

5w1n6

کایەی منداڵان، یاری منداڵان

....

70y

گەمەی ویدیۆیی

....

v1d30 64m3 c0n50l3

سێچەرخە

....

7r1cycl3

ورچی یاری

....

73ddy b34r

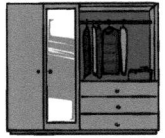

کەنتۆر

....

w4rdr0b3

جلوبەرگ

cl07h1n6

گۆرەوی

....

50ck5

گۆرەوی درێژ

....

570ck1n65

گورەوی درێژ

....

716h75

5c4rf

قایش، پشتێن
b3l7

چەتر
umbr3ll4

کراس
7-5h1r7

5n34k3r5

b0075

5l1pp3r5

پاپوچ

54nd4l5

کەوش، پێڵاو

5h035

چەکمەی چەرم

rubb3r b0075

پانتۆڵی ژێرەوە

br13f5

ستیان، سوخمە

br4

جلیسقە

und3r5h1r7

جەستە، لەش

....

b0dy

پانتۆڵ

....

p4n75

پانتۆڵ

....

j34n5

دامەن، تەنوورە

....

5k1r7

کراس

....

bl0u53

کراس

....

5h1r7

بلووز

....

pull0v3r

بلووز

....

5w3473r

چاکەت

....

bl4z3r

چاکەت

....

j4ck37

باڵتە

....

c047

بارانی

....

r41nc047

پۆشاک

....

c057um3

کراسی ژنانە

....

dr355

جلی زەماوەند

....

w3dd1n6 dr355

چاکەت و پانتۆڵ

5u17

جلی خەو

n16h760wn

جلی خەو

p4j4m45

ساری

54r1

لەچکە

h34d5c4rf

جەمەدانە، سەرپێچ

7urb4n

بۆرکا

burk4

کەفتان

k4f74n

عەبا

4b4y4

جل و بەرگی مەلەکردن

5w1m5u17

پانتۆڵی مەلە

7runk5

پانتۆڵی کورت

5h0r75

جلوبەرگی ڕاهێنان

7r4ck5u17

بەروانکە، بەرکوشە

4pr0n

دەستەوانە

6l0v35

دوگمە

bu770n

چاویلکە

6l45535

بازنە

br4c3l37

ملوانکە

n3ckl4c3

ئەنگوستیلە

r1n6

گوارە

34rr1n6

کڵاو

c4p

داری جل هەڵواسین

c047 h4n63r

کڵاو

h47

بۆینباخ

713

زیپ

z1p

کڵاوی پارێزەر

h3lm37

هەڵگر

br4c35

جلی قوتابخانە

5ch00l un1f0rm

یەکپۆش

un1f0rm

بەرلیکە، بەرکۆشی منداڵ

b1b

مەمکە مژە

dummy

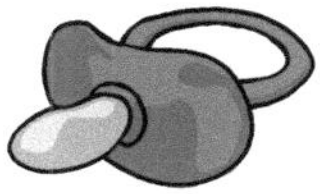

دایبی، پەڕۆشۆر

d14p3r

نووسینگە، فەرمانگە

0ff1c3

53rv3r
دۆڵابی بەڵگە
f1l1n6 c4b1n37
چاپکەر
pr1n73r
کاغەز
p4p3r
مۆنیتۆر، پیشانگەر
m0n170r
ماوس
m0u53
مێزی نووسین
d35k
بۆخچە
f0ld3r
تەختەکلیل
k3yb04rd
سەبەتەی کاغەز
w4573-p4p3r b45k37
کۆمپیوتەر
c0mpu73r
کورسی
ch41r

کۆپی قاوە

c0ff33 mu6

ژمێرەر

c4lcul470r

ئینتەرنێت

1n73rn37

لەپتۆپ

....

l4p70p

نامە

....

l3773r

پەیام

....

m355463

موبایل، تەلەفۆنی دەست

....

c3ll ph0n3

تۆڕ

....

n37w0rk

ئامێری لەبەرگرتنەوە، کۆپیکەر

....

ph070c0p13r

نەرمەکالا

....

50f7w4r3

تەلەفۆن

....

73l3ph0n3

ساکێتی دووشاخە

....

plu6 50ck37

ئامێری فەکس

....

f4x m4ch1n3

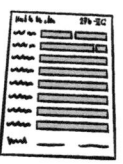

فۆرم

....

f0rm

بەڵگە

....

d0cum3n7

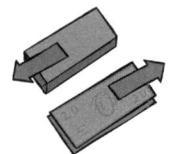

ئابووری
3c0n0my

کڕین

buy

پارەدان

p4y

بازرگانی، ئاڵوگۆڕکردن

7r4d3

پارە، دراو

m0n3y

دۆلار

d0ll4r

یۆرۆ

3ur0

یەن

y3n

ڕوبڵی ڕووسی

r0ubl3

فرانکی سویسی

5w155 fr4nc

یوان، یەکەی دراوی چینی

r3nm1nb1 yu4n

ڕووپییە

rup33

مەکینەی پارە

c45h p01n7

نووسینگەی گۆڕینەوەی دراو

curr3ncy 3xch4n63 0ff1c3

زێڕ

60ld

زیو

51lv3r

نەوت

01l

وزە

3n3r6y

بەها، نرخ

pr1c3

ڕێکەوتننامە

c0n7r4c7

باج

74x

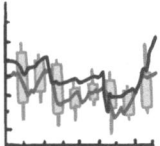

سەهام

570ck

کارکردن

w0rk

کارمەند، کارکەر

3mpl0y33

خاوەنکار

3mpl0y3r

کارخانە

f4c70ry

دووکان

5h0p

ئیشەکان

0ccup4710n5

فەرمانبەری پولیس
p0l1c3 0ff1c3r
ئاگرکووژێنەر
f1r3m4n
چێشتلێنەر
c00k
دکتۆر
d0c70r
فڕۆکەوان
p1l07

باخەوان

64rd3n3r

دارتاش، مەرەنگوێز

c4rp3n73r

خەییات

534m57r355

دادوەر

jud63

کیمیازان

ch3m157

شانۆگەر، شانۆکار

4c70r

شۆفیری پاس
....
bu5 dr1v3r

شۆفیر تاکسی
....
74x1 dr1v3r

ماسیگر
....
f15h3rm4n

کڵفەت
....
cl34n1n6 l4dy

وەستای سەربان
....
r00f3r

خزمەتکار
....
w4173r

ڕاوچی
....
hun73r

بۆیاخچی
....
p41n73r

نانکەر
....
b4k3r

کارەباچی
....
3l3c7r1c14n

بەننا
....
bu1ld3r

ئەنازیار
....
3n61n33r

قەساب
....
bu7ch3r

وەستای بۆری
....
plumb3r

پۆستەچی
....
p057m4n

سەرباز

50ld13r

نەخشەکێش

4rch173c7

ژمێریار، خەزەندار

c45h13r

گوڵفرۆش

fl0r157

ئارایشگەر

h41rdr3553r

گەیێنەر

c0nduc70r

میکانیک

m3ch4n1c

کەشتیوان

c4p741n

ددانساز، دوکتوری ددان

d3n7157

زانا

5c13n7157

مەڵای جوولەکان

r4bb1

ئیمام

1m4m

کەسی ئایینی

m0nk

قەشە

p4570r

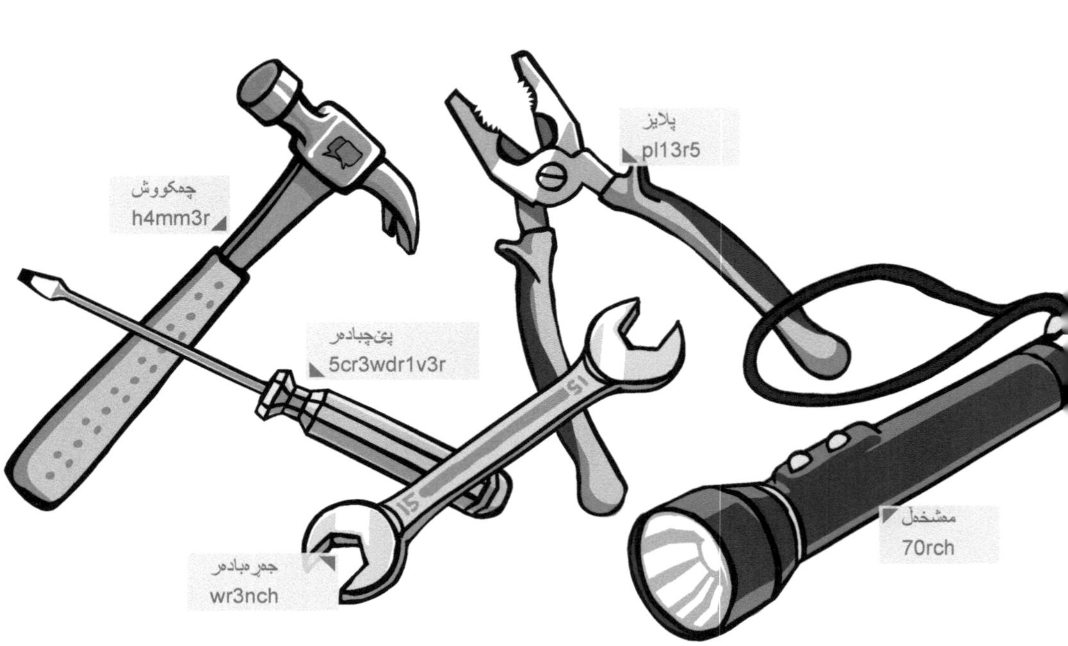

چەکووش
h4mm3r
پلایز
pl13r5
پێچبادەر
5cr3wdr1v3r
wr3nch
70rch

شۆفڵ

3xc4v470r

سندووقی ئامراز

700lb0x

پەیژە

l4dd3r

مشار

54w

بزمارەکان

n41l5

کونکەرە

dr1ll

چاککردنەوە
r3p41r

پێمەڕە
5h0v3l

نەفرەت!
d4mn!

خاکەناز
du57p4n

قتووی بۆیاخ
p41n7 c4n

پێچەکان، جەڕەکان
5cr3w5

ئامێرەکانی مووزیک

mu51c4l 1n57rum3n75

قسەکەر، بڵندگۆ
l0ud 5p34k3r
تاقمێ تەپڵ
drum 537
گیتار
6u174r
جۆرێ گیتار
d0ubl3 b455
7rump37

پیانۆ

p14n0

کەمانچە

v10l1n

گیتار

b455

دەهۆڵ

71mp4n1

تەپڵ

drum5

تەختەکلیل

k3yb04rd

ساکسافۆن

54x0ph0n3

فلووت، شمشاڵ

flu73

مایکرۆفۆن

m1cr0ph0n3

باخچەی ئاژەڵان

z00

ناڤدەر، دەروازە
3n7r4nc3
7163r
قەفەز
c463
کەرەکێوی
z3br4
خواردنی ئاژەڵان
4n1m4l f33d
ورچی پاندا
p4nd4

ئاژەڵەکان

4n1m4l5

فیل

3l3ph4n7

کانگورۆ

k4n64r00

کەرکەدەن

rh1n0

گۆریلا

60r1ll4

ورچ

b34r

وشتر

c4m3l

وشترمریشک

057r1ch

شێر

l10n

مەیموون

m0nk3y

فلامینگۆ

fl4m1n60

تووتی

p4rr07

ورچی جەمسەری

p0l4r b34r

پێنگوین

p3n6u1n

قرش، سەگماسی

5h4rk

تاووس

p34c0ck

مار

5n4k3

تیمساح

cr0c0d1l3

پارێزەری باخچەی ئاژەڵان

z00k33p3r

سەگی دەریایی

534l

پڵنگ

j46u4r

ئەسپی قەزەم
....
p0ny

پشیلەی پڵینگی
....
l30p4rd

ئەسپی ئاوی
....
h1pp0

زەرافە
....
61r4ff3

هەڵۆ
....
346l3

بەرازی کێوی
....
b04r

ماسی
....
f15h

کیسەڵ
....
7ur7l3

واڵڕاس، ئاژەڵێکی دەریایی
....
w4lru5

ڕێوی
....
f0x

ئاسک
....
64z3ll3

وەرزش

5p0r75

تۆپی پێی ئەمریکی
4m3r1c4n f007b4ll
دووچەرخەلێخوڕین
cycl1n6
تێنیس
73nn15
تۆپی باسکە
b45k37b4ll
مەلەکردن
5w1mm1n6
بۆکسێن
b0x1n6
هۆکی سەر سەهۆڵ
1c3 h0ck3y

فووتبۆڵ

50cc3r

بەدمینتۆن

b4dm1n70n

وەرزشوان

47hl371c5

هەندباڵ

h4ndb4ll

خلیسکێن

5k11n6

پۆلۆ

p0l0

پێکەنین
l4u6h
بازکردن
jump
لەباوەشگرتن، لەئامێزگرتن
hu6
بەڕێداڕۆیشتن، پیاسەکردن
w4lk
گۆرانی خوێندن
51n6
خەون دیتن، خەون بینین
dr34m
پاڕانەوە، نوێژکردن
pr4y
ماچکردن
k155

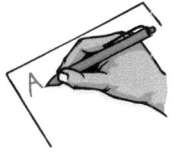

نووسین
wr173

وێنەکێشان
dr4w

نیشاندان
5h0w

پاڵ پێوەنان
pu5h

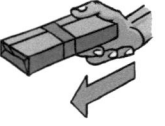

دان
61v3

هەڵگرتن
74k3

هەبوون

h4v3

کردن

d0

بوون

b3

ڕاوەستان

574nd

هەڵاتن

run

کێشان

pull

هاویشتن

7hr0w

کەوتن

f4ll

درۆکردن

l13

چاوەڕێبوون

w417

هەڵگرتن

c4rry

دانیشتن

517

جل لەبەرکردن

637 dr3553d

خەوتن

5l33p

لەخەو هەستان

w4k3 up

چاولێکردن

....

l00k 47

گریان

....

cry

جەڵتەلێدان

....

57r0k3

قژداهێنان، شانەکردن

....

c0mb

قسەکردن

....

74lk

تێگەیشتن

....

und3r574nd

پرسیارکردن، پرسین

....

45k

گوێڕاگرتن

....

l1573n

خواردنەوە

....

dr1nk

خواردن

....

347

ڕێکوپێک کردن

....

71dy up

خۆشویستن

....

l0v3

چێش لێنان

....

c00k

شۆفێریکردن

....

dr1v3

فڕین

....

fly

کەشتیوانی

541l

حسابکردن، ژماردن

c4lcul473

خوێندنەوە

r34d

فێربوون

l34rn

کارکردن

w0rk

زەماوەندکردن

m4rry

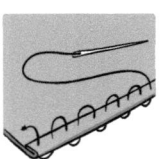

دورین، دورومانکردن

53w

فڵچە لەددان دان

bru5h 7337h

کوشتن

k1ll

جگەرەکێشان

5m0k3

ناردن

53nd

بنەماڵە

f4m1ly

دایمگەورە
6r4ndm07h3r
باوەگەورە
6r4ndf47h3r
باوک، باب
f47h3r
دایک
m07h3r
منداڵی ساوا
b4by
کچ
d4u6h73r
50n

میوان

6u357

پوور

4un7

مام، خاڵ

uncl3

برا

br07h3r

خوشک

51573r

جەستە، لەش

b0dy

ناوچاوان، توێڵ
f0r3h34d
چاو
3y3
شان
5h0uld3r
قامک
f1n63r
دەموچاو، ڕوومەت
f4c3
چەنە
ch1n
دەست
h4nd
لاق
l36
سنگ
br3457
باسک، قۆڵ
4rm

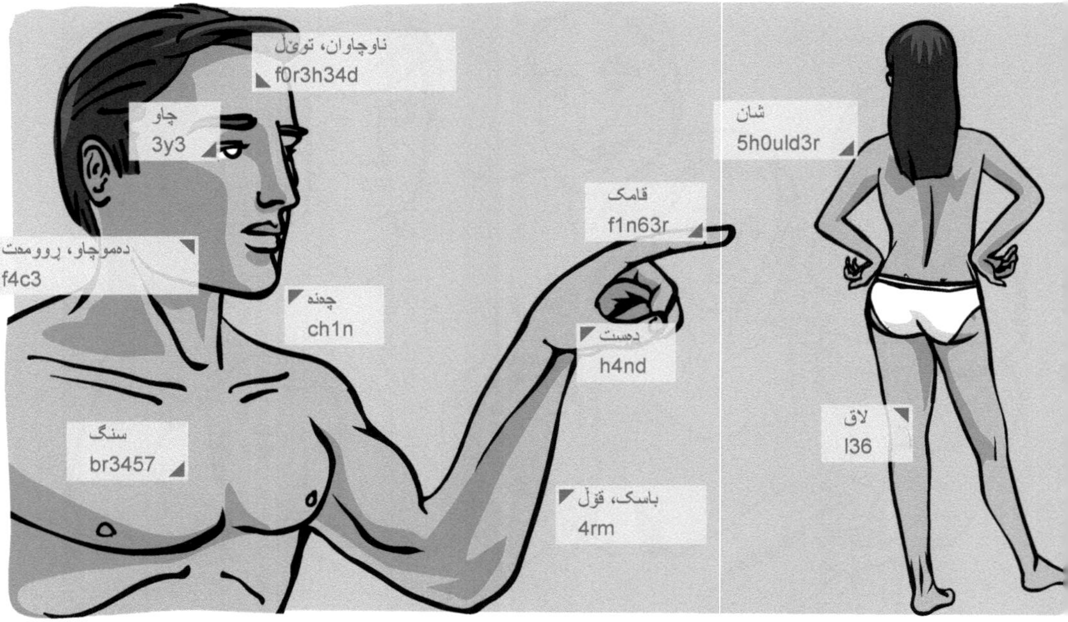

منداڵی ساوا

b4by

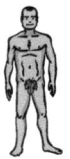

پیاو

m4n

ژن

w0m4n

کچ

61rl

کوڕ

b0y

سەر

h34d

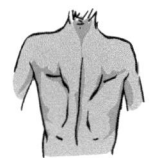

پشت

b4ck

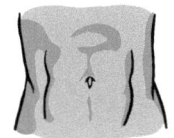

زگ

b3lly

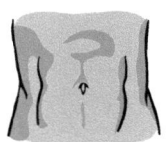

ناوک

n4v3l

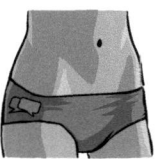

قامکی پێ

703

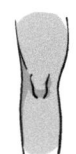

پاژنەی پێ

h33l

ئێسقان، ئێسک

b0n3

سمت

h1p

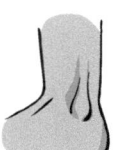

ئەژنۆ

kn33

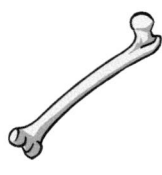

ئانیشک

3lb0w

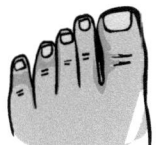

لووت

n053

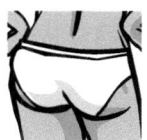

قوون

bu770ck5

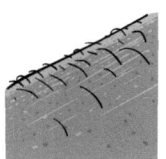

پێست

5k1n

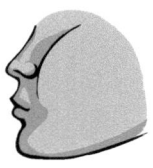

گوپ

ch33k

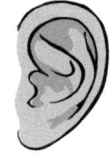

گوێ

34r

لێو

l1p

دەم، زار

m0u7h

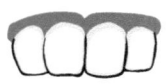

ددان

7007h

زمان

70n6u3

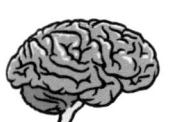

مێشک

br41n

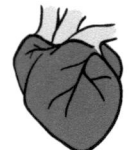

دڵ

h34r7

ماسوولکە

mu5cl3

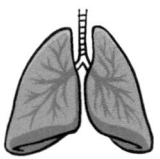

سیپەلاک، سی

lun6

جەرگ

l1v3r

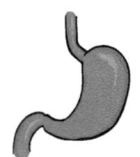

گەدە

570m4ch

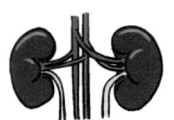

گورچیلە

k1dn3y5

سێکس

53x

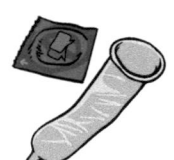

کۆندۆم

c0nd0m

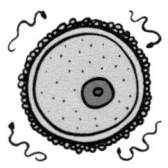

توو، گەرا

0vum

توو

53m3n

دووگیانی

pr36n4ncy

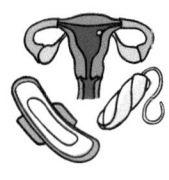

کەوتنە سەرخوێن

m3n57ru4710n

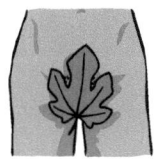

زێ

v461n4

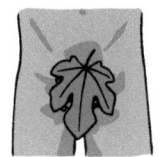

کێر

p3n15

برۆ

3y3br0w

قژ

h41r

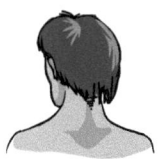

مل

n3ck

نەخۆشخانە، خەستەخانە

h05p174l

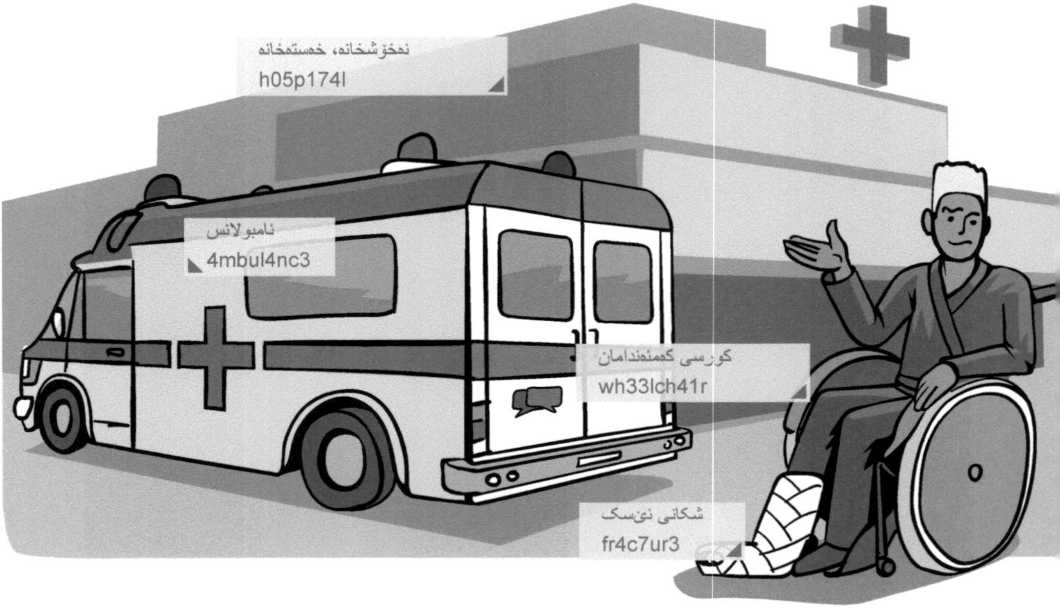

ئامبولانس
4mbul4nc3
کورسی کەمئەندامان
wh33lch41r
شکانی ئێسک
fr4c7ur3

دکتۆر

d0c70r

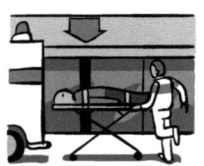

ژووری فریاکەوتن

3m3r63ncy r00m

نەخۆشوان

nur53

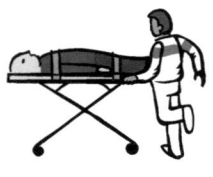

ئورژانس، بەشی فریاکەوتن

3m3r63ncy

بێهۆش

unc0n5c10u5

ژان، ئێش

p41n

برینداری

1njury

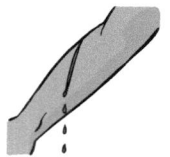

خوێنڕێژی

bl33d1n6

جەڵتەی دڵ

h34r7 4774ck

جەڵتە

57r0k3

ئالێرژی، هەستیاری

4ll3r6y

کۆخە

c0u6h

تا

f3v3r

ئەنفلۆنزا

flu

زگچوون

d14rrh34

سەرێشە، ژانەسەر

h34d4ch3

سەرەتان

c4nc3r

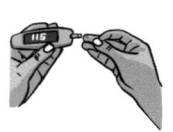

شەکرە

d14b3735

نەشتەرگەر

5ur630n

نەشتەر، چەقۆی توێکاری

5c4lp3l

نەشتەرگەری

0p3r4710n

CT
....
c7

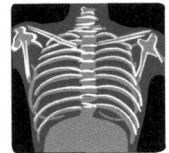

تیشکی ئێکس
....
x-r4y

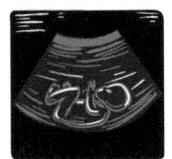

ئوڵتراساوند
....
ul7r450und

ماسکی ڕوومەت
....
f4c3 m45k

نەخۆشی
....
d153453

ژووری چاوەڕێبوون
....
w4171n6 r00m

گۆچان
....
cru7ch

مشەما
....
pl4573r

برین پێچ
....
b4nd463

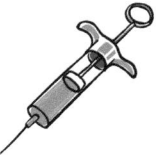

دەرزی لێدان
....
1nj3c710n

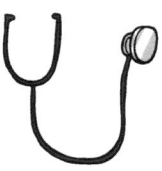

بیستۆکی پزیشک
....
5737h05c0p3

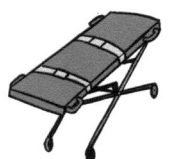

داربەست
....
57r37ch3r

گەرماپێوی کلینیکی
....
cl1n1c4l 7h3rm0m373r

لەدایکبوون
....
b1r7h

زیادەکێشد/قەڵەویی
....
0v3rw316h7

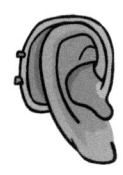

بیستۆک

h34r1n6 41d

میکرۆبکوژ

d151nf3c74n7

چڵک

1nf3c710n

ویروس

v1ru5

ئەیدز

h1v / 41d5

دەرمان

m3d1c1n3

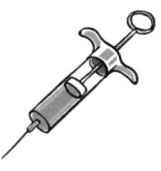

کوتان

v4cc1n4710n

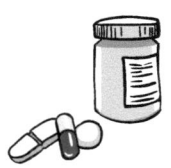

حەب

74bl375

حەب

p1ll

تەلەفۆنی فریاکەوتن

3m3r63ncy c4ll

پیشانگەری پەستانی خوێن

bl00d pr355ur3 m0n170r

نەخۆش / سڵامەت

1ll / h34l7hy

ئورژانس، بەشی فریاکەوتن

3m3r63ncy

یارمەتی!

h3lp!

ئاگادارکردنەوە، ئەلارم

4l4rm

دەستدرێژی

4554ul7

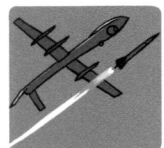

هێرشکردن

4774ck

مەترسی

d4n63r

چوونەدەرەوەی ئورژانس

3m3r63ncy 3x17

ئاگر!

f1r3!

ئاگرکوژێنەوە

f1r3 3x71n6u15h3r

ڕووداو، پێشهات

4cc1d3n7

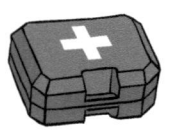

قوتووی یارمەتی فریاکەوتن

f1r57-41d k17

SOS

505

پولیس

p0l1c3

ئەورۆپا
3ur0p3

ئەمریکای باکوور
n0r7h 4m3r1c4

ئەمریکاری باشوور
50u7h 4m3r1c4

ئافریقا
4fr1c4

ئاسیا
4514

ئوسترالیا
4u57r4l14

ئەتڵەسی، ئۆقیانووسی ئەتڵەسی
47l4n71c

زەریای هێمن
p4c1f1c

ئۆقیانووسی هیندی
1nd14n 0c34n

ئۆقیانووسی جەمسەری باشوور
4n74rc71c 0c34n

ئۆقیانووسی جەمسەری باکوور
4rc71c 0c34n

جەمسەری باکوور
n0r7h p0l3

ئەرز، زەوی
....
34r7h

ناوچەی جەمسەری باشوور
....
4n74rc71c4

جەمسەری باشوور
....
50u7h p0l3

دوورگە
....
15l4nd

دەریا، زەریا
....
534

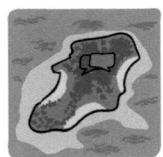

خاک، وشکانی
....
l4nd

وڵات، پارێزگا، دەوڵەت
....
57473

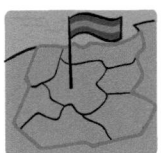

گەل، نەتەوە
....
n4710n

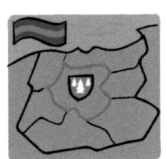

روخساری کاتژمێر
....
cl0ck f4c3

نیشاندەری کاتژمێر
....
h0ur h4nd

نیشاندەری خولەک
....
m1nu73 h4nd

دەستی دوو
....
53c0nd h4nd

کاتژمێر چەندە؟، سەعات چەندە؟
....
wh47 71m3 15 17?

ڕۆژ
....
d4y

کات، زەمان
....
71m3

ئێستا، هەنووکە
....
n0w

کاتژمێری دیجیتاڵی
....
d16174l w47ch

خولەک
....
m1nu73

کاتژمێر
....
h0ur

دووشەممه
m0nd4y

چوارشەممه
w3dn35d4y

هەینی
fr1d4y

شەممه
547urd4y

سێشەممه
7u35d4y

پێنجشەممه
7hur5d4y

یەکشەممه
5und4y

دوێنێ
y3573rd4y

ئەمرۆ، ئەمرۆ
70d4y

سبەینێ
70m0rr0w

بەیانی
m0rn1n6

نیوەڕۆ
n00n

ئێواره
3v3n1n6

MO	TU	WE	TH	FR	SA	SU
1	2	3	4	5	6	7
8	9	10	11	12	13	14
15	16	17	18	19	20	21
22	23	24	25	26	27	28
29	30	31	1	2	3	4

ڕۆژی کار
w0rkd4y5

MO	TU	WE	TH	FR	SA	SU
1	2	3	4	5	6	7
8	9	10	11	12	13	14
15	16	17	18	19	20	21
22	23	24	25	26	27	28
29	30	31	1	2	3	4

کۆتایی هەفتە
w33k3nd

سالٛ

y34r

باران
r41n
کۆلکەزێرینە
r41nb0w
بازکردن
w1nd
بەفر
5n0w
5pr1n6
5umm3r
پاییز
f4ll
زستان
w1n73r

پێشبینی هەوا
....
w347h3r f0r3c457

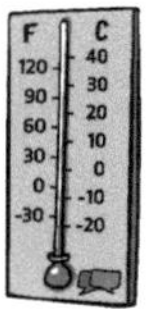

گەرماپێو
....
7h3rm0m373r

خۆرەتاو
....
5un5h1n3

هەور
....
cl0ud

تەمومژ
....
f06

تەڕایی
....
hum1d17y

هەورەتریشقە، بروسکە

l16h7n1n6

هەورەگرمە

7hund3r

باوبۆران، تۆفان

570rm

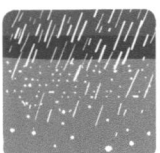

تەرزە

h41l

مانسوون

m0n500n

لافاو

fl00d

سەهۆڵ

1c3

جانیەوەری

j4nu4ry

فێبریوەری

f3bru4ry

مارچ

m4rch

ئەیپریل

4pr1l

مەی

m4y

جوون

jun3

جوولای

july

ئۆگۆست

4u6u57

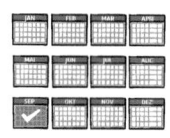

سیپتەمبەر

53p73mb3r

ئۆکتۆبەر

0c70b3r

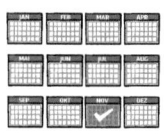

نۆڤەمبەر

n0v3mb3r

دیسەمبەر

d3c3mb3r

شێوەکان

5h4p35

بازنە

c1rcl3

چوارگۆشە

5qu4r3

چوارگۆشەی درێژ

r3c74n6l3

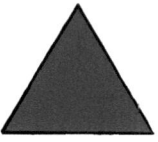

سێگۆشە

7r14n6l3

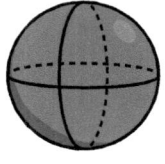

تۆپ، گۆ

5ph3r3

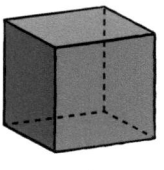

خشتەک

cub3

ڕەنگەکان

c0l0r5

سپی

wh173

زەرد

y3ll0w

پرتەقاڵیی

0r4n63

پەمەیی

p1nk

سوور

r3d

بنەوش

purpl3

شین

blu3

سەوز

6r33n

قاوەیی

br0wn

بۆر

6r4y

ڕەش

bl4ck

دژبەرەکان

0pp051735

زۆر / کەم

4 l07 / 4 l177l3

تووڕە / لەسەرەخۆ

4n6ry / c4lm

جوان / ناحەز

b34u71ful / u6ly

سەرەتا / کۆتایی

b361nn1n6 / 3nd

گەورە / چکۆلە

b16 / 5m4ll

ڕووناک / تاریک

br16h7 / d4rk

برا / خوشک

br07h3r / 51573r

خاوێن / چڵکن

cl34n / d1r7y

تەواو / ناتەواو

c0mpl373 / 1nc0mpl373

ڕۆژ / شەو

d4y / n16h7

مردوو / زیندوو

d34d / 4l1v3

پان / تەنگ

w1d3 / n4rr0w

خۆش / ناخۆش
....
3d1bl3 / 1n3d1bl3

نەگریس / بەبەزەیی
....
3v1l / k1nd

وروژاو / بێزار
....
3xc173d / b0r3d

قەڵەو / لاواز
....
f47 / 7h1n

یەکەم / ئاخر
....
f1r57 / l457

دۆست / دوژمن
....
fr13nd / 3n3my

پڕ / خاڵی
....
full / 3mp7y

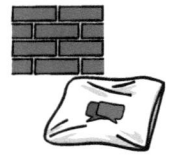

ڕەق / نەرم
....
h4rd / 50f7

قورس / سووک
....
h34vy / l16h7

برسی / توونی
....
hun63r / 7h1r57

نەخۆش / سڵامەت
....
1ll / h34l7hy

نایاسایی / یاسایی
....
1ll364l / l364l

زیرەک / گەمژە
....
1n73ll163n7 / 57up1d

چەپ / ڕاست
....
l3f7 / r16h7

نزیک / دوور
....
n34r / f4r

نوێ / کۆن، بەکارهاتوو

....

n3w / u53d

هیچ شتێک / شتێک

....

n07h1n6 / 50m37h1n6

پیر / لاو

....

0ld / y0un6

هەڵکراو / کوژاوە

....

0n / 0ff

کراوە / داخراو

....

0p3n / cl053d

بێدەنگ / دەنگی بەرز

....

qu137 / l0ud

دەوڵەمەند / هەژار

....

r1ch / p00r

ڕاست / هەڵە

....

r16h7 / wr0n6

زبر / ساف

....

r0u6h / 5m007h

خەمین / خۆشحاڵ

....

54d / h4ppy

کورت/ درێژ

....

5h0r7 / l0n6

هێواش / خێرا

....

5l0w / f457

تەڕ / وشک

....

w37 / dry

گەرم / فێنک

....

w4rm / c00l

شەڕ / ئاشتی

....

w4r / p34c3

ژمارەکان

numb3r5

0

سیفر

z3r0

1

یەک

0n3

2

دوو

7w0

3

سێ

7hr33

4

چوار

f0ur

5

پێنج

f1v3

6

شەش

51x

7

حەوت

53v3n

8

هەشت

316h7

9

نۆ

n1n3

10

دە

73n

11

یازدە

3l3v3n

12	**13**	**14**
دوازده	سێزده	چوارده
....	....	....
7w3lv3	7h1r733n	f0ur733n
15	**16**	**17**
پازده، پانزه	شازده	حەفده
....	....	....
f1f733n	51x733n	53v3n733n
18	**19**	**20**
هەژده	نۆزده	بیست
....	....	....
316h733n	n1n3733n	7w3n7y
100	**1.000**	**1.000.000**
سەد	هەزار	میلیۆن
....	....	....
hundr3d	7h0u54nd	m1ll10n

زمانەکان
l4n6u4635

ئینگلیزی

3n6l15h

ئینگلیزی ئەمریکی

4m3r1c4n 3n6l15h

چینی ماندارین

ch1n353 m4nd4r1n

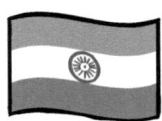

هێندی

h1nd1

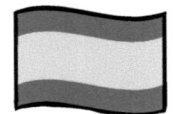

ئیسپانی

5p4n15h

فەرەنسی

fr3nch

عەرەبی

4r4b1c

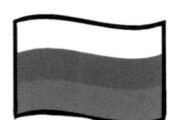

ڕووسی

ru5514n

پۆرتوگالی

p0r7u6u353

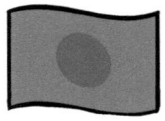

بەنگالی

b3n64l1

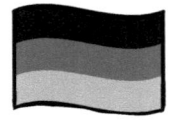

ئاڵمانی

63rm4n

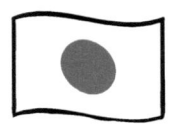

ژاپۆنی

j4p4n353

wh0 / wh47 / h0w

من

1

تو

y0u

ئەو

h3 / 5h3 / 17

ئێمە

w3

ئێوە

y0u

ئەوان

7h3y

کێ؟

wh0?

چی؟

wh47?

چۆن؟

h0w?

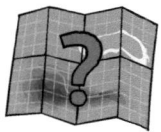

لەکوێ؟

wh3r3?

کەنگێ؟ کەی؟

wh3n?

ناو

n4m3

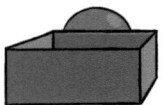

لەپشت

b3h1nd

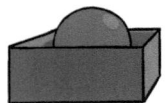

لە

1n

لەپێش

1n fr0n7 0f

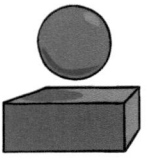

سەرى

0v3r

لەسەر

0n

ژێر

und3r

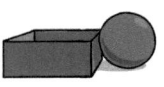

لە تەنیشت

b351d3

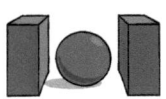

لەنێوان

b37w33n

شوێن، جێ

pl4c3